Melonenkerne, rot
Wacholderbeeren, gold
Saxabohnen
Erbsen, grün, halbiert
Wacholderbeeren
Bambusbohnen, rot
Erbsen, gelb, halbiert
Kürbiskerne
Mungbohnen, grün
Pfefferbruch
Melonenkerne, schwarz
Mungbohnen, rot

Basteln mit Naturmaterialien

Dies ist ein Hobby, das immer beliebter wird. Hier wird gezeigt, wie man mit Körnern, Hülsenfrüchten und Gewürzen Bildmosaiken gestaltet und Tiere plastisch beklebt.
Dieses Naturmaterial gibt es teilweise in jeder Küche, oder aber man kann es im Fachgeschäft speziell zum Basteln kaufen. Auf den Innenseiten des Umschlags zeigen Ihnen die Farbfotos wie die geeignetsten Körner aussehen und wie sie heißen.
Das Basteln mit diesen Naturmaterialien bringt Spaß für die ganze Familie. Man kann jederzeit damit anfangen und wenn erforderlich, halbfertig liegen lassen, bis man wieder Zeit und Lust dazu hat. Dabei hat die Phantasie freien Lauf. So recht ein Freizeitspaß mit netten Freunden.

Dies Buch bringt viele Anregungen, die zeigen, welche gestalterischen Möglichkeiten in diesen Naturmaterialien stecken. Zudem werden keine künstlerischen Fähigkeiten vorausgesetzt. Hat man erst einmal damit angefangen, kommen die Ideen von selbst. Natürlich fängt man mit kleinen Dingen an, die einfach zu bewerkstelligen sind. Aber nach einiger Übung wird man sich an größere Objekte wagen, die ein willkommener Zimmerschmuck sind.

Die alltäglichen und besonders die einheimischen Gewürze und Körner sind am preiswertesten. Dazu gehören Bohnen, Erbsen, Linsen, Graupen, Sago, Reis, Kaffeebohnen; getrocknete Dillspitzen, Petersilie, Schnittlauch; Pfefferkörner schwarz und weiß, Zimt und Paprika gemahlen, Wacholderbeeren und Lorbeerblätter, Chilischoten, Nelken, Coriander, Zimtstangen, Mohn, Kümmel, Anis, Fenchel.
Gehen Sie mit offenen Augen durch Wald und Flur. Alles läßt sich verwenden: jede Frucht und jeder Zapfen. Sammeln Sie alle Obstkerne, auch von Melonen und Gurken. Am besten lagern Sie Ihre Vorräte in verschlossenen Dosen und Gläsern; der Duft der Gewürze wird besser konserviert und die Körner bleiben vor Ungeziefer geschützt.

Wer es eilig hat, und ohne selbst zu sammeln, ein bäuerliches Gesteck selbst basteln will, findet Kerne und Körner in reicher Auswahl lose oder bereits als Fertigpakkung in allen Fachgeschäften für Hobby und Basteln. Zu diesen Körnern gehören: weiße und grüne Kürbiskerne, Lupinen, Sonnenblumenkerne, Felderbsen, Ackerbohnen, Piment, Leinsamen, Senfkörner, Sternanis, Hirse gelb und rot, Gurkenkerne, Kanariensaat, Mais und Popcorn, Vogelrübsen, Waldstaudenroggen, Akazienkerne, Ölweidenkerne, Pineakerne, Maritimasamen, Hanfsaat, Buchweizen, Gleditschikerne, Esparsettesaat, Wicken, Paradieskörner, Lavendel, Spitzsaat, Negersaat, Hafer, Bardeyreis und Weizen.

Gemischtes Vogelfutter gibt es in Futtermittelhandlungen zu kaufen.
Ausgefallene Gewürze wie schwarze Bohnen, gesprenkelte und braune Bohnen, rote Linsen, Polenta (gemahlener Mais) sind in Feinkostgeschäften erhältlich.
Einige Gewürze, wie gelbe und grüne Erbsen, Petersilie, Dillspitzen, Schnittlauch, gemahlene Paprika usw. verblassen mit der Zeit. Es ist ratsam, diese Flächen mit etwas Wasser- oder Acrylmattfarbe aufzufrischen.

Als Grundform zum Bekleben eignen sich Tierformen aus Plastik und Holz, Bilderrahmen, starke Pappe, Holzzuschnitte und vieles mehr. Zum Kleben nimmt man PVC-Kleber und Holzleim, für die Schutzschicht Fixativ oder Klarlack.

Beim Aufstreichen des Klebers muß darauf geachtet werden, daß man nie zu große Flächen auf einmal bestreicht, der Kleber

Plastiktiere als Grundform zum Bekleben mit Körnern eignen sich sehr gut. Wer Kinder hat, findet solche sicher in der Spielzeugkiste, ansonsten sind sie in allen Größen in jedem Spielwarengeschäft erhältlich.

trocknet zu leicht. Der Auftrag darf nicht zu dünn sein, denn die runden und flachrunden Körner müssen richtig in den Klebstoff eingebettet werden. Größere Früchte legt man einzeln mit einer Pinzette in den Haftgrund ein, aufgestreute Gewürze sollten sorgfältig angedrückt werden.

Das Basteln von Tieren und Bildern

Wer Lust zum Modellieren hat, kann selbst Tiere aus Modelliermasse herstellen. Blättern Sie in Tierbüchern, und Sie werden genügend Anregungen finden.
Sie brauchen kein Meister zu sein, denn durch das Bekleben mit Körnern können Sie den Figuren die richtigen Proportionen geben.
Formen Sie den Tierkörper schlanker, als die eigentliche Figur sein soll, da sie durch das Bekleben mit Kernen und Körnern an Fülle zunimmt.
Bevor Sie die Tiere bekleben, müssen sie gut durchgetrocknet sein.

Beginnen Sie mit einem Fisch, den Sie vielleicht noch in der Spielzeugtruhe Ihrer Kinder finden oder für wenig Geld in einem Spielwarengeschäft erstehen.
Was Sie hier sehen, sind die Erstlingswerke meiner Schwiegertochter Silvia.

1. Fisch (Seite 3)

Material:
PVC-Kleber, Klarlack oder Fixativ, Pinzette;
grüne Kürbiskerne, Blaumohn, gemahlener Paprika, Bardey-Reis, schwarze Bohnen.

Der Boden wird zuerst mit Filz beklebt. Bestreichen Sie dann den Körper, Feld für Feld mit Kleber und bedecken jedes Feld schuppenförmig mit grünen Kürbiskernen.
Bevor der Kopf mit Mohn bestreut wird, muß er gleichmäßig mit Kleber bestrichen werden. Ebenso auch die Lippen, die man mit Paprika bestäubt.

Das Ganze muß zunächst antrocknen, bevor Sie die Augenpartie bearbeiten können. Dazu wird der Bardey-Reis kreisförmig aufgesetzt und schwarze Bohnen als Pupillen in die Mitte gelegt.
Nach Fertigstellung der Figur, den Kleber gut antrocknen lassen, und eventuell erst am nächsten Tag mit Klarlack oder dreimal mit Fixativ einsprühen. Jede Schicht muß getrocknet sein, bevor die nächste Schicht aufgetragen wird.
Durch den Klarlack erhalten die Naturmaterialien Glanz, Fixativ beläßt sie natürlich matt. Grüne Kürbiskerne verblassen mit der Zeit, darum vor dem Lackieren mit grüner Farbe bemalen und gut trocknen lassen.

Schwan (Seite 3)

Material:
PVC-Kleber, Pinzette, Klarlack oder Fixativ; Reis, weiße Sonnenblumenkerne, gemahlener Paprika, schwarze Pfefferkörner.

Für Kopf und Hals des Schwans wurden Reiskörner, für die übrigen Körperpartien weiße Sonnenblumenkerne genommen. Die Körner lassen sich am besten mit einer Pinzette auflegen. Zum Schluß wird der Schnabel kräftig mit rotem Paprikapulver bestreut. Ein schwarzes Pfefferkorn bildet das Auge.

2. Fisch (Seite 4)

Material:
UHU-Alleskleber, Pinzette, 1 Paar Glasaugen;
grüne Kürbiskerne, Esparsettesaat, Gurkenkerne, rote Hirse, Rohhirse, schwarze und weiße Sonnenblumenkerne.

Kleben Sie zuerst die Glasaugen auf, die mit Rohhirse und Gurkenkernen umrandet werden.
Rote Hirse brauchen wir zum Bekleben der Lippen.

Plastiktiere zum Bekleben

Besonders dekorativ wirken Tierfiguren. Die hier gezeigten Plastiktiere gibt es heute in allen Fachgeschäften für Bastelbedarf zu kaufen. Beklebt mit einem bunten Federkleid aus Körnern und Gewürzen, sehen sie sehr rustikal und wertvoll aus.
Wenn Sie mit den anfangs beschriebenen Übungsstücken zurecht gekommen sind, können Sie sich mit frischem Mut an diese Serie wagen und die Tiere nach eigenem Geschmack noch anspruchsvoller und dekorativer gestalten.
Die Fachgeschäfte für Bastelbedarf führen diese Figuren einzeln oder als komplette Bastelpackung.
Zunächst wird die Unterseite mit Filz beklebt und der Rand ringsum sauber abgeschnitten. Es empfiehlt sich, vor dem Bestreuen die Augen aufzusetzen. Man erleichtert sich die Arbeit, wenn man die verschiedenen Materialien in einzelne flache Behälter schüttet.

Das farbige Bild zeigt, wie die einzelnen Felder zu bekleben sind. Dabei sollte man die Struktur des Gefieders betonen. Mit der Pinzette werden die Körner einzeln aufgeklebt, und zwar Feld um Feld. Kleine Körner wie Sago, Graupen, Mohn, Leinsamen, Hirse, Paprikapulver werden aufgestreut.
Beim Aufstreuen halten wir die Figur über eine Schüssel, damit wir die herabfallenden Körner sofort wieder verwenden können. Die auf den Klebstoff gestreuten Körner werden mit der Hand leicht angedrückt, überstehende Körner entfernt.

Schilfenten sind ein beliebter Kunstgewerbeartikel, der als Fertigstück viel Geld kostet. Um wieviel wertvoller ist solch eine Schilfente aus eigener Werkstatt.
Die Rohform besteht aus hellem Holz, dessen Schönheit wir nicht ganz verdecken sollten. Die Brust wird deshalb nur teilweise mit Esparsettesaat bestreut, der Schnabel bleibt natur.
Als Kleber eignet sich hier ein Holzleim. Das fertige Stück besprühen wir mit Klarlack oder Fixativ; dieser Schutz erleichtert das Abstauben.

Kampfläufer (Seite 7)

Material: *UHU-Alleskleber, Pinzette, 1 Paar Glasaugen;*
Gefieder: weiße und gestreifte Sonnenblumenkerne, Akazienkerne
Brust: weiße und gestreifte Sonnenblumenkerne
Fußteil und Schnabel: mit schwarzem Pfeffer bestäuben
Sockel: mit Moos und Zapfen verzieren

Schilfente

Material:
Ölweidenkerne, Esparsettesaat, Raps, grüne Kürbiskerne, weiße und schwarze Sonnenblumenkerne; einzelne Zacken vom Sternanis, die Sie teilen.

Schilfenten finden Sie in Kunstgewerbe- und Bastelgeschäften.
Um die Struktur des Holzes zu erhalten, bekleben Sie die Brust nur teilweise mit Esparsettesaat; der Schnabel bleibt unbearbeitet. Als Kleber nehmen Sie Holzleim. Zum Abschluß mit Fixativ oder Klarlack einsprühen.

Holzente (groß)

Material:
Große Ente (erhältlich in allen Bastel- und Kunstgewerbegeschäften), Holzleim; Blaumohn, gelbe Senfkörner, gelbe Erbsen, schwarze Pfefferkörner, Mais, schwarze Bohnen, Dekohafer, Sago, schwarze Sonnenblumenkerne.

Spitzen aus den Rispen des Dekohafers ausknipsen und damit einen Teil des Kopfes und den Rücken der Ente bedecken.

Holzente mit Lorbeerblättern

Material:
Holzente, Holzleim;
gemahlener Zimt, Blaumohn, Sago, schwarzer Pfeffer, Leinsamen, Hafer, gelbe und grüne Erbsen, Graupen, gelbe Senfkörner, braune Linsen, schwarze und weiße Bohnen, Lorbeerblätter.

Holzente mit Reis

Material: Holzente, Holzleim;
Hals: Reis
Gefieder: gestreifte Sonnenblumenkerne
Schnabel: Silberhirse
Augen: schwarze Pfefferkörner

Steinkauz (Titelbild)

Material: *UHU-Alleskleber, Pinzette, 1 Paar Glasaugen;*
Umrandung der Augen: Waldstaudenroggen und Bardey-Reis
Kopf: Buchweizen und Ölweidenkerne
Gefieder: schwarz-weiße Sonnenblumenkerne, grüne Kürbiskerne
Brust: weiße Sonnenblumenkerne und Esparsettesaat
Ast: Kleber gleichmäßig auftragen und mit schwarzem Pfeffer bestreuen, die Holzplatte zusätzlich noch mit Moos und Zapfen verzieren
Schnabel: gleichmäßig mit Kleber bestreichen und dünn mit schwarzem Pfeffer bestäuben

Wer Lust zum Modellieren hat, kann selbst seine eigenen Tierkörper aus Modelliermasse herstellen. Tiermotive finden sich zur Genüge in Tierbüchern. Besonders geeignet sind die einfachen Formen aus Kinderbüchern. Formen Sie den Tierkörper schlanker als die eigentliche Figur sein soll, da sie durch das Beschichten mit Kernen und Körnern an Umfang und Fülle zunimmt. Die selbst angefertigten Figuren sollen vor dem Bekleben gut durchgetrocknet sein.

Eule

Material: *Aus Modelliermasse eine Eule formen und trocknen lassen; Glasaugen, Holzleim*
Augen: Glasaugen aufkleben, mit körnern umranden
Kopf: Buchweizen, Ölweidenkerne, Esparsettesaat
Körper: weiße und schwarze Sonnenblumenkerne, Raps
Krallen + Schnabel: Zacken vom Sternanis

Unterseite braun bemalen.
3x mit Klarlack oder Fixativ einsprühen.

Nelken-Igel

Material:
Aus Modelliermasse einen Igel formen und trocknen lassen; Holzleim; Nelken, Buchweizen

Den Igel mit brauner Acrylmattfarbe oder Wasserfarbe bemalen, trocknen lassen. Die Augen bilden Buchweizenkörner.

Wir entfernen von dem Nelkengewürz den Kopf und kleben die einzelnen Nelkenstengel mit dem Hals nach oben auf den Körper. Nach Fertigstellung *nicht* besprühen – im Gegensatz zu anderen Tieren –, da der angenehme Duft sonst verloren geht.

Pinguin

Material: *Aus Modelliermasse einen Pinguin formen und trocknen lassen; Holzleim*
Augen: 2 dicke Graupen
Brust: Gurkenkerne
Kopf und Rücken: schwarze Sonnenblumenkerne

Schnabel, Füße und Unterseite werden schwarz gestrichen.
3x mit Klarlack oder Fixativ einsprühen.

Schildkröte

Material: *Aus Modelliermasse eine Schildkröte formen und trocknen lassen; Holzleim*
Panzer: 1 Pflaumenkern, Ölweidenkerne
Augen: schwarze Pfefferkörner
Kopf: Esparsettesaat

Unterseite mit brauner Farbe bemalen.
3x mit Klarlack oder Fixativ einsprühen.

Schnecke

Material:
Aus Modelliermasse eine Schnecke formen und trocknen lassen; Holzleim; schwarze Pfefferkörner, Silberhirse, Nelken

Beachten Sie hier bitte, daß Sie sofort beim Modellieren die Rillen für die schwarzen Pfefferkörner mit einem Hölzchen einritzen. Ich versäumte das und mußte nachträglich die Rillen einfeilen.
Den Körper der Schnecke wieder mit brauner Acrylmattfarbe bemalen.
Als Rüssel zwei Nelken aufsetzen, aus denen Sie den Kopf entfernt haben.
3x mit Klarlack oder Fixativ einsprühen.

Vögel

Material: *Aus Modelliermasse, die an der Luft trocknet, kleine Vögel formen und trocknen lassen; Holzleim*
Körper: schwarze oder gestreifte Sonnenblumenkerne
Augen: schwarze Pfefferkörner, die mit Sago umrandet werden, oder dicke Graupen

Schnabel und Unterseite werden schwarz bemalt.

3x mit Klarlack oder Fixativ einsprühen.
Legen Sie die Körner für das Gefieder schuppenförmig und beginnen Sie darum bei den Schwanzfedern.

Taube

Material: *Styroporkugel groß: ∅ 50 mm, Styroporkugel klein: ∅ 30 mm, Zahnstocher, aus Modelliermasse eine Taube formen und trocknen lassen; Holzleim*
Körper: weiße Sonnenblumenkerne schwarze Sonnenblumenkerne
Kopf und Hals: Gurkenkerne
Augen: schwarze Pfefferkörner

Schnabel und Unterseite werden mit schwarzer Farbe bemalt.
3x mit Klarlack oder Fixativ einsprühen.
Beim Formen der Taube arbeiten Sie, wie auf dem Bild gezeigt, zwei Styroporkugeln ein, die Sie mit einem Zahnstocher verbinden.
Denken Sie daran, daß Sie den Körper schlank formen.

Figuren aus Gewürzen

Material:
Styroporkegel groß: 210 mm x 90 mm, Kopf: Holzkugel ca. 50 mm; Styroporkegel klein: 125 x 70 mm, Kopf: Holzkugel ca. 35 mm; Holzspieß, Figurendraht, Kreppband, Stoff, Borten, Spitzen, Holzleim;
Polenta, Ackerbohnen, weiße, lila und braune Bohnen, Mais, Popcorn, Kirschkerne, Kaffeebohnen, Rote Bohnen, gelbe und grüne Erbsen, rote Linsen, Nelken, Raps, gelbe Senfkörner, schwarze Bohnen, Nudeln, Blaumohn, Sago, Reis, Pflaumenkerne.

Den Holzspieß stecken Sie in die Spitze des Kegels und schieben den Figurendraht darüber. Jetzt können Sie die Kugel auf den Spieß setzen und mit Klebstoff festmachen. Bekleben Sie dann den Kegel mit Stoff oder Kreppapier.
Den unteren Rand verzieren Sie mit Spitze oder Borte und den Körper nach Ihrer Wahl mit Körnern.
Als Schultertuch oder Kragen benutzt man Spitzen. Für die Haare nehmen wir Hanf, den wir auf ein schmales Bändchen kleben, speziell für eine Hochschlagfrisur. Für langes Haar wird der Scheitel mit der Hand oder der Maschine genäht. Für eine Lockenfrisur werden die Haarspitzen auf einen dünnen Wickler gerollt und mit Haarspray gefestigt.
Anschließend werden die Haare vorsichtig ausgekämmt.
Die Figur wird zum Abschluß mit Klarlack oder Fixativ eingesprüht.

Blumenfrau

Material:
Negersaat, Sternanis, Wacholderbeeren, Paprika, Chillie, lila Bohnen, grüne Kürbiskerne, Ackerbohnen, weiße Bohnen, braune Bohnen, weiße Kürbiskerne, Popcorn, Nudeln, hellbraune Bohnen, Polenta

Kleben Sie drei Blumentöpfe von unterschiedlicher Größe mit Alleskleber zusammen.
Anschließend ummanteln Sie die Töpfe mit Modelliermasse und lassen sie an der Luft trocknen.
Nach einigen Tagen kann dieser Topf nach Ihrer Wahl mit Körnern beklebt werden.
Anschließend sprühen Sie die Blumenfrau 3x mit Klarlack oder Fixativ ein.

Gewürzengel

Material:
Styroporkegel groß: 210 mm x 90 mm,
Kopf: Holzkugel 50 mm,
Styroporkegel klein: 125 mm x 70 mm,
Kopf: Holzkugel 35 mm;
Holzspieß, Figurendraht, Kreppband, Stoff, Borten, Spitzen, Holzleim, Flügel, Schablonen, Flachs, Hanf, Raps, Blaumohn, Nelken, Erbsen, Kaffeebohne, Kirschkerne, Pinien, Mais.

Den Holzspieß stecken Sie in die Spitzen des Kegels und schieben einen Figurendraht darüber. Jetzt können Sie die Kugel auf den Spieß setzen und festmachen.
Bekleben Sie dann den Kegel mit Stoff oder Kreppapier. Den unteren Rand des Kegels können Sie zusätzlich mit Spitze oder Borte umsäumen.
Anschließend bekleben Sie den Körper nach Ihrer Phantasie mit Körnern.
Die Flügel werden aus Rupfen mit Hilfe von vorgezeichneten Schablonen ausgeschnitten und mit Weißleim gleichmäßig eingestrichen, gestärkt und getrocknet.
Für die Haare nehmen wir Hanf, den wir auf ein schmales Band kleben, speziell für eine Hochschlagfrisur.
Für langes Haar wird der Scheitel mit der Hand oder der Maschine genäht. Für die Locken werden die Haarspitzen auf einen dünnen Wickler gerollt und mit Haarspray gefestigt.
Anschließend werden die Haare vorsichtig ausgekämmt. Die Früchte können Sie teilweise nach Ihrer Wahl bronzieren.

Die Herstellung von Körnerbildern

Motive auf Sperrholzplatten oder auf dicker Pappe zeichnen, reichlich Kleber auftragen und mit einer Pinzette Kern an Kern legen.
Größere Flächen mit Leim bestreichen und mit feinen Körnern dicht bestreuen.
Leicht andrücken und einige Minuten trocknen lassen.
Den Rest in eine Schale schütten.
Eine andere Möglichkeit: den Untergrund dick mit Leim bestreichen, mit Polenta oder Mohn bestreuen und trocknen lassen.
Sie können mit einem spitzen Bleistift oder einer Nadel oberflächlich die Konturen einritzen oder das Motiv frei gestalten.
Sollte es Ihnen an Ideen fehlen, blättern Sie in Büchern und Zeitschriften.
Sie finden überall geeignete Motive.

Arbeitsmittel:
Holzplatte, dicke Platte aus Pappe, Bleistift und Radiergummi, Holzleim, Pinzette.

Das fertige Bild kann entweder auf eine Hartfaserplatte geklebt oder eingerahmt werden. Wenn Sie Ihr Bild einrahmen möchten, besorgen Sie sich zuerst einen Rahmen und schneiden sich die Papp- oder Holzplatte danach passend aus.

Auf dieser Seite stelle ich Ihnen Kinderarbeiten vor. Meine Tochter Isabel verewigte ihre Katze Milly, die von einem Auto überfahren wurde. Meine Tochter Martina versuchte sich an einem abstrakten Bild!

Schmetterling ungerahmt

Material:
Holzplatte ∅ 8,5 cm, Holzleim;
Petersilie, rote Linsen, Reis, Rübsamen, Spitzsaat, grüne Erbsen, gelbe Erbsen.

3x mit Klarlack oder Fixativ einsprühen.

Milly

Material: *Sperrholzplatte 31 x 21 cm, schwarzer Bilderrahmen, Holzleim;*
Negersaat, grüne Erbsen, Dillspitzen, Reis, schwarze Pfefferkörner, Graupen
Augen: grüne Erbsen, für die Umrandung Dillspitzen
Körper: Negersaat
Schnurrhaare: Reis
Nase: schwarze Pfefferkörner
Untergrund: Graupen

3x mit Klarlack oder Fixativ einsprühen.

Bild Martina

Material:
Preßpappe 16 x 16 cm, Bilderrahmen, Holzleim;
Sago, Lorbeerblätter, Anis, Blaumohn, grüne Erbsen, gelbe Senfkörner, Mais, schwarze Pfefferkörner, Leinsamen, weiße Bohnen, Apfelkerne, braune Linsen, schwarze Sonnenblumenkerne, Köpfe der Mohnkapseln, grüne Kürbiskerne, Kümmel.

3x mit Klarlack oder Fixativ einsprühen.

Bremer Stadtmusikanten

Material:
Sperrholzplatte 31 x 21 cm, schwarzer Bilderrahmen, Propeller oder Holzleim;
Sago, Paprika, Chillies, Silberhirse, schwarze Pfefferkörner, Bardey-Reis, Negersaat, Rübsamen, Kümmel, Dillspitzen.

3x mit Klarlack oder Fixativ einsprühen.
Sie sehen, daß bei diesem Bild der Untergrund nicht sorgfältig genug mit Kleber bestrichen wurde. Die dadurch entstandenen Unregelmäßigkeiten müssen nicht unbedingt häßlich wirken.

MiLLy

Vogelscheuche (Seite 17)

Material:
Sperrholzplatte 32 x 22 cm, schwarzer Bilderrahmen, Propeller oder Holzleim; Polenta, Paprika, Chillies, Graupen, Sternanis, Rübsamen, grüne Kürbiskerne, Negersaat, grüne Erbsen, braune Linsen, Dillspitzen, Fenchel, Kümmel, Spitzsaat, Ackerbohnen.

3x mit Klarlack oder Fixativ einsprühen.

Abstrakter Hahn

Material:	*Tischlerplatte 27 x 36 cm mit Stoff (grün) überzogen; Sperrholzplatte 30 x 21 cm, Holzleim;*
Untergrund:	Polenta
Hahn:	schwarzer Pfeffer, lila Prunkbohnen, grüne Kürbiskerne, Kirschkerne, Paprika, Chillies, Nelken, Sternanis
Auge:	Ackerbohne
Blumen:	schwarze Pfefferkörner, lila Prunkbohnen, Kirschkerne

Klarlack oder Fixativ.

Überziehen Sie die Tischlerplatte in grünem Duvetine, Filz oder Schülertuch, passend zu den grünen Kürbiskernen.
Die Sperrholzplatte nicht zu dünn mit Holzleim bestreichen, mit Polenta (gemahlenem Mais) dicht überstreuen, andrücken und die überschüssigen Körner, die Sie wieder verwenden können, abschütteln.
Nach ca. 1 Stunde ist der Untergrund trocken.
Erst jetzt beginnen Sie mit dem Legen der Körner. Entweder zeichnen Sie die Konturen mit einem spitzen Bleistift oder mit einer dicken Nadel auf, oder Sie gehen mit viel Mut an die Arbeit und zeichnen die Konturen direkt mit Leim.
Jetzt legen Sie den schwarzen Pfeffer Korn an Korn. Nachdem der Leim glasklar aufgetrocknet ist, werden zwischen die Konturen die Kürbiskerne, Prunkbohnen und Kirschkerne geklebt.
Als Schnabel wird eine Chillie-Schote aufgeklebt, als Krone Nelken und als Krallen Sternanis.
Lassen Sie den Leim gut trocknen.
Erst jetzt kleben Sie das Bild auf die bezogene Tischlerplatte.

Abstrakte Eule

Material:	*Tischlerplatte 27 x 36 cm mit grünem Duvetine überzogen, Sperrholzplatte 30 x 21 cm, Holzleim*
Untergrund:	Polenta
Eule:	schwarze Pfefferkörner, lila Prunkbohnen, grüne und weiße Kürbiskerne, schwarze Bohnen, Sternanis
Ast:	Kalmuswurzeln

Abstrakter Pfau

Material:	*Tischlerplatte 27 x 36 cm mit grünem Duvetine überzogen, Sperrholzplatte 30 x 21 cm, Holzleim*
Untergrund:	Polenta
Pfau:	grüne Kürbiskerne, schwarze Pfefferkörner, lila Prunkbohnen, Nelken, Negersaat, schwarze Sonnenblumenkerne, Sternanis
Auge:	weißes Pfefferkorn

Bevor Sie die fertigen Arbeiten auf eine bezogene Tischlerplatte kleben, ist es ratsam, die Bilder mit Klarlack oder Fixativ zu besprühen.

Seerosencollage

Material:
Sperrholzplatte 41 x 16 cm, heller Rahmen, Holzleim;
Blaumohn, Graupen, Sternanis, weiße Kürbiskerne, Lorbeerblätter, Popcorn, kleine Schilfkolben.

Zuerst den Untergrund mit Mohn bestreuen, gut trocknen lassen.

Dolde (Bild rechts)

Material:
Sperrholzplatte 31 x 23 cm, brauner Bilderrahmen, Holzleim;
Blaumohn, kleine weiße Sonnenblumenkerne, Bardey-Reis, Reis.

3 x mit Klarlack oder Fixativ einsprühen.

Auch bei diesem Bild zuerst den Untergrund mit Mohn bestreuen.
Zum Bestreuen des Untergrundes eignen sich besonders gut schwarze Senfkörner oder Rübsamen. Da der Untergrund dunkler wird, hebt sich das Motiv besser ab.

Die vier Jahreszeiten

Frühling

Material: *Sperrholzplatte 31 x 23 cm, Bilderrahmen braun, Holzleim;*
Baumstamm: Raps
Rasen: getrocknete Petersilie
Blumen + Blätter: Trockenblumen, grüne Kürbiskerne
Wolken: Reis
Feld: grüne Erbsen
Kontur auf Rasen: Negersaat

Sommer

Material:
Sperrholzplatte 31 x 23 cm, Bilderrahmen braun, Holzleim;
Reis, Blaumohn, grüne Kürbiskerne, Raps, gelbe Senfkörner, Petersilie, Silberhirse, Leinsamen, Bardey-Reis, rote Linsen, Spitzsaat, kleine Trockenblumen.

Herbst

Material:
Sperrholzplatte 31 x 23 cm, Bilderrahmen braun, Holzleim;
Reis, Blaumohn, Raps, grüne Kürbiskerne, gelbe Erbsen, Leinsamen, Bardey-Reis, Petersilie, Silberhirse, Zierhafer, Mohnkapseln.

Für den Korb habe ich eine große Mohnkapsel der Länge nach durchgeschnitten und die Krone entfernt.

Winter

Material: *Sperrholzplatte 31 x 23 cm, Bilderrahmen braun, Holzleim;*
Reis, Blaumohn, Raps, Buchweizen, Sago, Silberhirse, gelbe Senfkörner, Lupinien

Schneemann: Zuerst die Konturen mit Blaumohn legen, mit Sago den Körper ausfüllen

Knöpfe: Coriander
Augen: Coriander
Nase: Chillies
Steine: Ingwerwurzel
Hand: Kugel aus Sago-Leim-Gemisch formen und auf den Zweig drücken

Blumenstrauß

Sie ziehen verschieden große Knöpfe oder Pappronden auf Drähte, bestreichen sie mit Holzleim und bekleben sie von außen nach innen mit verschiedenen Bohnen.
Es ist ratsam, den Leim etwas anziehen zu lassen, bevor Sie die schweren Bohnen aufsetzen.
Die Mitte der Blüten können Sie beliebig mit Ackerbohnen oder halbierten gelben oder grünen Erbsen füllen.
Die Zwischenräume der Bohnen füllen Sie mit Langkornreis oder Miskonudeln aus.
Der Stengel wird mit braunem Kreppband umwickelt.
Die Bohnenblumen binden Sie nach Ihrem Geschmack mit Ruskus oder Gräsern zu einem Strauß zusammen, den Sie zum Abschluß 3x mit Klarlack oder Fixativ einsprühen.
Zur Herstellung von Blumen eignen sich viele Körner und Zapfen: weiße und grüne Kürbiskerne, Gurkenkerne, Mais und Popcorn, Pflaumensteine, Sonnenblumenkerne, Linsen, Erbsen und viele Sorten Zapfen.

Dieser Strauß wurde von meiner Schwiegertochter Helga mit großer Geduld und Begeisterung angefertigt.
Jede Blume ist eine kleine Kostbarkeit und empfindlich wie Porzellan.

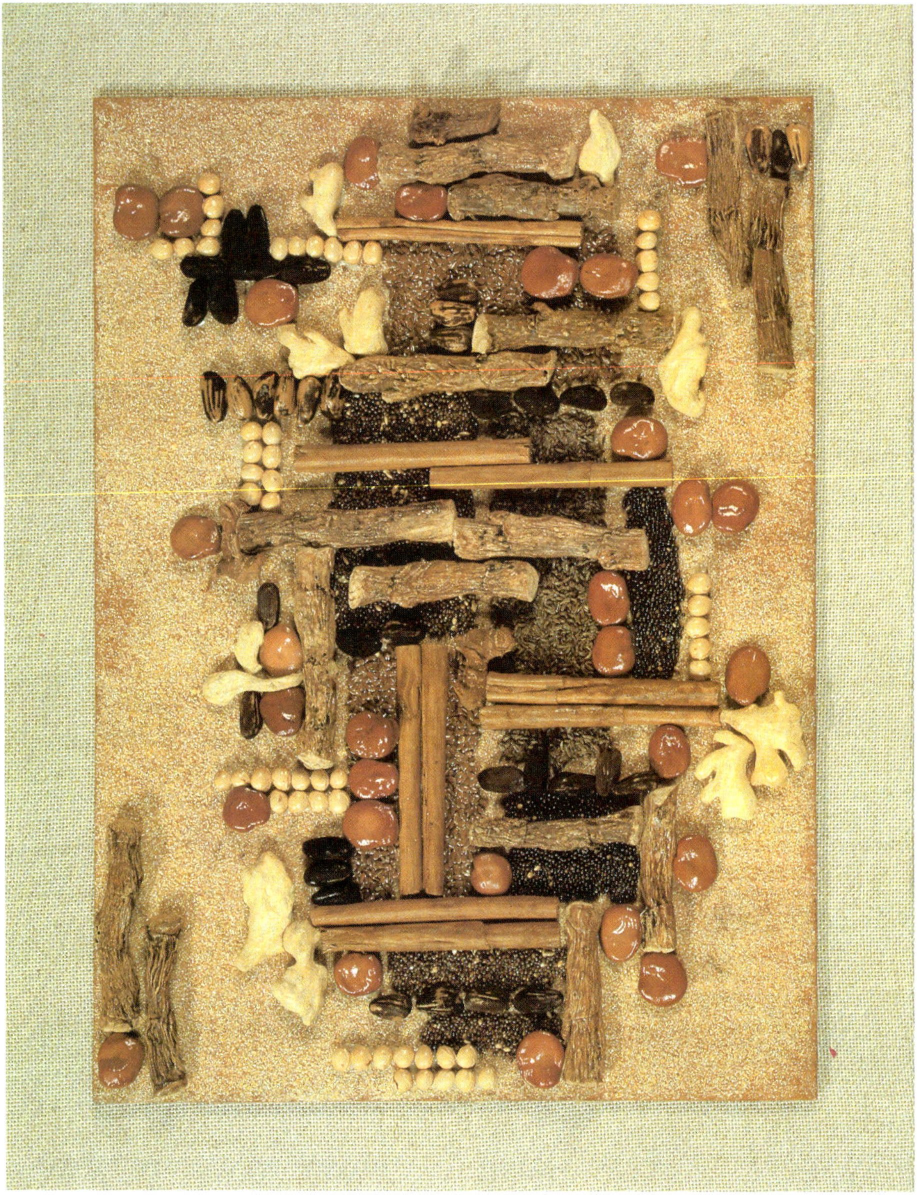

Wurzelcollage

Material: Tischlerplatte 50 x 40 cm, mit Leinen überzogen, Sperrholzplatte 40 x 30 cm, Holzleim.

Untergrund: Polenta.
Collage:
Kirschkerne, dicke Bohnen, Pinienkerne, Kalmuswurzeln, Ingwerwurzeln, Leinsamen, Raps.

Spinnwebe

Material: Tischlerplatte 50 x 40 cm , mit Leinen überzogen, Sperrholzplatte 40 x 30 cm, Holzleim. Konturen: schwarze Pfefferkörner.

Mittleres Rechteck: Negersaat, Buchweizen und Nelken eingerahmt.
Felder: Rübsamen, Leinsamen, Spitzsaat, gelbe Senfkörner.
Mitte: Sternanis.

Körnercollage

Material: *Tischlerplatte 50 x 40 cm, mit grünem Duvetine überzogen, Sperrholzplatte: 55 x 40 cm, Holzleim;*
Konturen: schwarze Pfefferkörner
Collage: Graupen, gelbe Senfkörner, grüne Erbsen, Leinsamen, Rübsamen, Pinien, Ackerbohnen, Buschbohnen, Negersaat, grüne Kürbiskerne, Sternanis

Konturen eventuell mit einem spitzen Bleistift in den Untergrund ritzen. Erbsen und grüne Kürbiskerne mit grüner Farbe anmalen, da diese nach einiger Zeit verblassen.
Nach einigen Tagen mit Klarlack bestreichen. Von Zeit zu Zeit sollten Sie Teile, die Sie aus Naturmaterialien arbeiten, mit Insektenspray besprühen.

Vogelbaum

Material: *Tischlerplatte 65 x 50 cm, mit braunem Leinen überzogen, Sperrholzplatte 55 x 40 cm, Holzleim;*
Untergrund: Polenta
Baum: Raps, Erlenzapfen, Kürbiskerne
Vogelnest: Dekohafer in eine halbe Mohnkapsel kleben, mit Mohn überzogene Haselnüsse für die zwei Köpfe der jungen Vögel
Vögel: Raps, weiße Sonnenblumenkerne, Nelken, Paprika, Chillies, rote Hirse, Esparsettesaat, Gleditschikerne, Gurkenkerne, schwarzer Pfeffer, grüne Erbsen, Curcumawurzeln

Denken Sie daran, daß Sie bei diesem Bild zuerst den Untergrund bestreuen und nach dem Trocknen das Bild mit den übrigen Körnern gestalten.

Tierkreiszeichen aus Körnern und Gewürzen (Seite 31)

Steinbock 22. Dezember – 20. Januar

Material:
Preßpappe 19 x 19 cm, Holzleim, Bilderrahmen dunkelbraun;
Graupen, Pfeffer-Chillies, Sternanis, Blaumohn.

Wassermann 21. Januar – 19. Februar

Material:
Preßpappe 19 x 19 cm, Holzleim, Bilderrahmen dunkelbraun;
Graupen, Sternanis, Negersaat, Polenta, schwarze Pfefferkörner, Dillspitzen, grüne Kürbiskerne, Blaumohn.

Besonders hübsch wird der Baum, wenn Sie an Stelle der Erlenzapfen getrocknete Hagebutten aufkleben.

Fische 20. Februar – 20. März

Material:
Preßpappe 19 x 19 cm, Holzleim, Bilderrahmen dunkelbraun;
Silberhirse, schwarze Sonnenblumenkerne, braune Linsen, grüne Kürbiskerne, schwarzer Pfeffer.

Widder 21. März – 20. April

Material:
Preßpappe 19 x 19 cm, Holzleim, Bilderrahmen dunkelbraun;
schwarze Pfefferkörner, Kaffeebohnen, Sternanis, grüne Erbsen, Blaumohn, Dillspitzen, grüne Kürbiskerne, Kümmel.

Stier 21. April – 20. Mai

Material:
Preßpappe 19 x 19 cm, Holzleim, Bilderrahmen dunkelbraun;
Graupen, Dillspitzen, Raps, gelbe Erbsen, schwarze Pfefferkörner, Nelken, Coriander.

Zwilling 21. Mai – 21. Juni

Material:
Preßpappe 19 x 19 cm, Holzleim, Bilderrahmen dunkelbraun;
Silberhirse, Negersaat, Sago, Blaumohn, Bardey-Reis, grüne Kürbiskerne, gelbe Erbsen, Kaffeebohnen.

Krebs 22. Juni – 22. Juli

Material:
Preßpappe 19 x 19 cm, Holzleim, Bilderrahmen dunkelbraun;
Graupen, Sternanis, gemahlener Cayennepfeffer, Blaumohn
Konturen: schwarze Pfefferkörner

Löwe 23. Juli – 23. August

Material:
Preßpappe 19 x 19 cm, Holzleim, Bilderrahmen dunkelbraun;
Silberhirse, Paprika-Chillies, Buchweizen, gelbe Senfkörner, schwarze Pfefferkörner

Jungfrau 24. August – 23. September

Material:
Preßpappe 19 x 19 cm, Holzleim, Bilderrahmen dunkelbraun;
Graupen, Sternanis, schwarze Pfefferkörner, Negersaat

Waage 24. September – 3. Oktober

Material:
Preßpappe 19 x 19 cm, Holzleim, Bilderrahmen dunkelbraun;
Graupen, Sternanis, schwarze Sonnenblumenkerne, grüne Kürbiskerne, braune Linsen, schwarze Pfefferkörner.

Skorpion 24. Oktober – 22. November

Material:
Preßpappe 19 x 19 cm, Holzleim, Bilderrahmen dunkelbraun;
Graupen, Raps, Sternanis, schwarze Pfefferkörner, Kaffeebohnen, Dillspitzen, grüne Kürbiskerne, kleine Trockenblumen.

Schütze 23. November – 21. Dezember

Material:
Preßpappe 19 x 19 cm, Holzleim, Bilderrahmen dunkelbraun;
schwarze Pfefferkörner, Graupen, Sternanis;
Untergrund: Polenta.

Sternzeichen-Bilder sind preiswerte und doch kostbare Geburtstagsgeschenke für Verwandte und Freunde. Sie werden mit diesen selbstgebastelten Symbolen viel Freude bereiten.

Ein rustikaler Wandschmuck aus 12 Sternzeichenbildern.

Ente im Schilf

Material:
Sperrholzplatte oval 25 x 19 cm, heller Bilderrahmen, Holzleim;
Sago, Blaumohn, schwarze Pfefferkörner, Silberhirse, rote Linsen, grüne Kürbiskerne, weiße Sonnenblumenkerne, Paprika-Chillies, Lavendel, Lorbeerblätter, weiße Kürbiskerne, gelbe Erbsen, grüne Erbsen, Schilfkolben, Trockengräser.

3x mit Klarlack oder Fixativ einsprühen.

Huhn

Material:
Sperrholzplatte ∅ 22 cm, heller Bilderrahmen, Holzleim;
dunkelbraune Buschbohnen, hellbraune Buschbohnen, Paprika-Chillies, Sternanis, braune Linsen, weiße Sonnenblumenkerne, grüne Kürbiskerne, Popcorn, Graupen.
Auge: Blüte einer Mohnkapsel, schwarzes Pfefferkorn.
3x mit Klarlack oder Fixativ einsprühen.

Hahn

Material: *Sperrholzplatte ∅ 31 cm, Bilderrahmen, Holzleim;*
Hintergrund: Graupen
Hahn: Paprika-Chillies, Popcorn, braune Linsen, Sternanis, schwarze Sonnenblumenkerne, schwarze Bohnen, grüne Kürbiskerne, weiße Sonnenblumenkerne, weiße Bohnen, Coriander
Auge: Blüte einer Mohnkapsel

3x mit Klarlack oder Fixativ einsprühen.

Schwan

Material:
Sperrholzplatte ∅ 23 cm, heller Bilderrahmen, Holzleim;
gelbe Senfkörner, Blaumohn, Lavendel, Reis, Paprika-Chillies, Sternanis, weiße und grüne Kürbiskerne, Lorbeerblätter, gelbe Erbsen.
3x mit Klarlack oder Fixativ einsprühen.

Vogelkäfig

Material:	*Sperrholzplatte 31 x 21 cm, schwarzer Rahmen, Holzleim;*
Hintergrund:	Sago und feine Graupen
Käfig:	schwarze Pfefferkörner und Sternanis
Vogel:	schwarze Pfefferkörner, Sternanis, Popcorn, braune Linsen, grüne Erbsen, schwarze Bohnen, Zimtstange, Paprika-Chillies, grüne Kürbiskerne, schwarze Sonnenblumen-Silberhirse, Lupinien

3x mit Fixativ oder Klarlack einsprühen. Beginnen Sie mit dem Käfig und legen schwarzen Pfeffer Korn an Korn.

Mühle

Material:
Sperrholzplatte ∅ 31 cm, heller Bilderrahmen, Holzleim;
Graupen, Sago, schwarzer Pfeffer, Blaumohn, Rübsamen, 1 Kaffeebohne, Petersilie, Kümmel, Pfeffer-Chillies, Nelken, Schnittlauch getrocknet, Ingwerwurzeln als Steine. Extra eingemischtes Vogelfutter für den Kiesweg.

Beginnen Sie mit dem Legen der schwarzen Pfefferkörner bei der Mühle und den Flügeln. Die großen Flächen dick mit Kleber bestreichen, bevor Sie die feinen Graupen darüberstreuen. Die Baumkronen habe ich mit Kümmel belegt und nach dem Antrocknen teilweise mit Petersilie bestreut.

Schäfer

Material:
Sperrholzplatte 41 x 31 cm, heller Bilderrahmen, Holzleim;
Sago, Paprika, gelbe Senfkörner, Reis, schwarze Pfefferkörner, grüne Kürbiskerne, Raps, Sternanis, Nelken, Bardey-Reis, Hanf, Petersilie, rote Linsen, Kümmel, braune Linsen, Leinsamen, extra weiße Sonnenblumenkerne, Fenchel, Popcorn, weiße Kürbiskerne.

Vögel:	Zacken vom Sternanis
Baumstamm:	Raps, der aufgestreut wird
Baumkrone:	grüne Kürbiskerne, schuppenförmig legen
Sonne:	gelbe Senfkörner
Strahlen:	Paprika-Chillies.

Zuerst die Wiese herstellen, d.h. mit getrockneter Petersilie dick bestreuen und andrücken. Nach dem Trocknen arbeiten Sie Schafe, Hirten, Blumen usw. auf.

Dieses einfache Motiv können Sie frei gestalten. Es ist besonders geeignet für Anfänger.

Silvia's Bauernhaus

Material:
Sperrholzplatte 30 x 25 cm, heller Bilderrahmen, Holzleim;
Graupen, Reis, Blaumohn, Dekohafer, braune Linsen, Sago, Leinsamen, grüne Erbsen (teilweise mit Paprika bestreut), Zimtstangen, Sternanis, Nelken, Kalmuswurzeln, Ingwerwurzeln, weiße Sonnenblumenkerne, Kaffeebohnen, Popcorn, schwarze Sonnenblumenkerne, schwarze Pfefferkörner, Trockenblumen und -gräser, Lorbeerblätter.

Für das Dach knipsen Sie die Spitze aus den Rispen des Dekohafers heraus.

3x mit Klarlack oder Fixativ einsprühen.

Der erste Versuch meiner Schwiegertochter Silvia, ein Bild zu gestalten, war dieses Bauernhaus. Sie ließ ihrer Phantasie freien Lauf. Wir waren alle gespannt.
Groß war die Begeisterung, als wir das fertige Werk bewundern durften.

Bauernhaus

Material:
Sperrholzplatte 41 x 31 cm, heller Bilderrahmen, Holzleim;
Graupen, grüne Kürbiskerne, getrocknete Hagebutten, Reis, Blaumohn, Silberhirse, Nelken, Rübsamen, schwarze Sonnenblumenkerne, Sago, Leinsamen, schwarze Pfefferkörner, Zimtstangen, Extra (Gemisch aus Vogelfutter), Petersilie, Polenta, Ingwerwurzeln, weiße Sonnenblumenkerne.

3x mit Klarlack oder Fixativ einsprühen.
Zeichnen Sie zuerst das Bauernhaus auf. Konturen des Hauses und das Fachwerk mit schwarzem Pfeffer Korn an Korn legen, mit Sago, Mohn und Leinsamen ausfüllen.
Das Dach belegen Sie schuppenförmig mit gestreiften Sonnenblumenkernen.
Den Himmel streuen Sie mit Graupen aus. Für die Wolken nehmen Sie Reis.
Erst jetzt legen Sie die Körner für die Bäume, den Hof bestreuen Sie mit getrockneter Petersilie.

Die Kieswege bilden Sie aus „Extra"-Körnern: ein Gemisch aus Vogelfutter.
Dekorieren Sie den Hof nach Ihrer Vorstellung und legen Sie die Körner auf den mit Petersilie bestreuten Untergrund.

Herrenhaus

Material:
Sperrholzplatte 30 x 40 cm, Holzleim; Graupen, Rübsamen, grüne Kürbiskerne, schwarze Pfefferkörner, Petersilie, Sago, Blaumohn, Mohnkapseln, weiße Pfefferkörner, „Extra“, Silberhirse, Negersaat, kleine Trockenblumen.

3x mit Klarlack oder Fixativ einsprühen.

Auch bei diesem Bild zeichnen Sie zuerst das Haus, den Zaun und den Bogen auf. Belegen Sie den Bogen und den Zaun mit schwarzen Pfefferkörnern, die Außenkonturen des Hauses mit weißen Pfefferkörnern, Fenster und Türen mit schwarzen Pfefferkörnern.
Zwischenräume mit Graupen, Sago, Mohn und Rübsamen ausfüllen.
Das Dach besteht aus schuppenförmig gelegten schwarzen Sonnenblumenkernen.
Himmel mit Sago und Rasen mit Petersilie bestreuen.
Mit Kleber auf den mit Petersilie bestreuten Untergrund die Stämme und Äste malen und darauf Rübsamen streuen und andrücken. Laubwerk: grüne Kürbiskerne.
Mit Trockenblumen nach Ihrer Wahl dekorieren. Blumenschalen: halbierte Mohnkapseln.

Bauernhof

Material:
Sperrholzplatte 56 x 41 cm, Holzleim; Graupen, Dillspitzen, Fenchel, grüne Kürbiskerne, Rübsamen, schwarze Sonnenblumenkerne, Sago, schwarze Pfefferkörner, Spitzsaat, Leinsamen, Nelken, Zimtstangen, Petersilie, Ingwerwurzeln, Kalmuswurzeln, „Extra", Blaumohn, Raps, rote Hirse, Reis, Gurkenkerne, Coriander, Lavendel, Polenta, weiße Sonnenblumenkerne, weiße Pfefferkörner, Baredy-Reis, Ackerbohnen, Negersaat, Lorbeerblätter, dicke Graupen, kleine Trockenblumen, Trockengräser, Paprika-Chillies.

3x mit Klarlack oder Fixativ einsprühen.

Beginnen Sie wie beim Bauernhaus.
Für das Dach knipsen Sie die Spitze aus den Rispen des Dekohafers heraus. Die Wiese bestreuen Sie teilweise mit Dillspitzen und Petersilie. Zaun und Brücke bestehen aus geteilten Zimtstangen.

Marktstand

Material:
Sperrholzplatte 30 x 40 cm, Holzleim; Graupen, schwarze Pfefferkörner, schwarze und weiße Sonnenblumenkerne, Blaumohn, grüne Kürbiskerne, rote Hirse, Paprika-Chillies, Dillspitzen, gemahlener Zimt, Spitzsaat, Ziermais, Popcorn, grüne Erbsen, gelbe Erbsen, hellbraune Buschbohnen, Zimtstangen, rote Bohnen, Hagebutten, Mohnkapseln, Ölweidekerne, Negersaat, Bardey-Reis, Akazienkerne, Körner der Chilliefrucht, Trockenblumen.

3x mit Klarlack oder Fixativ einsprühen.

Dieses Bild können Sie in ca. 2 Stunden herstellen, da fast alle Körner aufgestreut werden.

Marktstand und Häuser im Hintergrund aufzeichnen und danach die Konturen mit schwarzen Pfefferkörnern legen.
Den Himmel mit feinen Graupen ausschütten, die freien Flächen im Haus mit Sago und Blaumohn. Bevor Sie die freien Konturen des Marktstandes mit roter Hirse anfüllen, sollten Sie die Marktfrau und das Mädchen einzeichnen. Die Obstkisten auf der Theke mit Zimtstangen einteilen.
Marktplatz mit blauem Mohn bestreuen.
Blumenkörbe usw. auf den mit Mohn bestreuten Untergrund kleben.
Eine halbierte Mohnkapsel bildet den Einkaufskorb und Akaziensteine die Pflastersteine.

Moor

Material:
Sperrholzplatte 23 x 32 cm, heller Bilderrahmen, Holzleim;
Untergrund: Polenta.
Spitzsaat, Raps, Sternanis, Rübsamen, Nelken, Zimtstangen, Dillspitzen, schwarze Pfefferkörner, rote Hirse.

3x mit Klarlack oder Fixativ einsprühen.

Den Untergrund mit Polenta bestreuen. Nach dem Trocknen zeichnen Sie mit dem Tuben-Kleber die Bäume, Sträucher und das Moor.
Diese Klebestellen bestreuen Sie jetzt mit den jeweiligen Körnern wie Raps, Rübsamen, Dillspitzen, rote Hirse.
Den Zaun im Hintergrund legen Sie mit Nelken. Die Hütte, das Boot und den Zaun im Vordergrund mit geteilten Zimtstangen anfertigen, die Vögel aus einzelnen Zacken vom Sternanis.

Bergkirche

Material:
Sperrholzplatte 35 x 29 cm, heller Bilderrahmen, Holzleim;
Sago, Graupen, Dillspitzen, Rübsamen, Kümmel, schwarze Pfefferkörner, Leinsamen, Blaumohn, Paprika, Chillies, Spitzsaat, grüne Kürbiskerne, Schnittlauch, Dekohafer.

Die untere Hälfte des Bildes mit Polenta und nach dem Trocknen mit Dillspitzen und Schnittlauch bestreuen.
Konturen des Ackers mit schwarzen Pfefferkörnern belegen.
Die Zwischenräume mit Dekohafer gestalten.
Bergwiesen und Felder mit den entsprechenden Körnern bestreuen.
Nach dem Trocknen Bäume und Häuser aufarbeiten.

Miniaturen

Bauernhaus

Material:
Preßpappe ∅ 8 cm, heller Bilderrahmen, Holzleim;
Sago, Reis, gelbe Senfkörner, Spitzsaat, Blaumohn, Salatgewürz, Negersaat, Raps, Dillspitzen.

3x mit Klarlack oder Fixativ einsprühen.

Haus mit Katze

Material:
Preßpappe, oval, 14 x 9 cm, heller Bilderrahmen, Holzleim;
Graupen, Polenta, rote Hirse, Dillspitzen, Sago, Raps, Salatgewürz, Paprika gemahlen, Leinsamen, rote Linsen.

Landhaus

Material:
Preßpappe, oval, 9 x 5,5 cm, heller Bilderrahmen, Holzleim;
Graupen, Raps, Silberhirse, Sago, Kümmel, rote Hirse, Rübsamen, Polenta, Dillspitzen, rote Linsen, Blaumohn, Salatgewürz, Leinsamen.

3x mit Klarlack oder Fixativ einsprühen.

Baum

Material:
Preßpappe ∅ 10 cm, heller Bilderrahmen, Holzleim;
Graupen, Blaumohn, Raps, rote Linsen, Dillspitzen, Leinsamen, Polenta, Paprika gemahlen.

3x mit Klarlack oder Fixativ einsprühen.

Katze

Material:
Holzbild ∅ 12 cm, Holzleim;
schwarze Pfefferkörner, Raps, Spitzsaat.

3x mit Klarlack oder Fixativ einsprühen.

Hahn

Material:
Holzbild ∅ 12 cm, Holzleim;
Blaumohn, Paprika-Chillies, Gurkenkerne, Nelken, grüne Kürbiskerne, rote Hirse, schwarze Sonnenblumenkerne, Nudeln, Schnittlauch.

3x mit Klarlack oder Fixativ einsprühen.

Schwan

Material:
Preßpappe ∅ 10 cm, heller Bilderrahmen, Holzleim;
Blaumohn, Reis, Sago, Paprika gemahlen, weiße Sonnenblumenkerne, Lorbeerblätter, grüne Kürbiskerne, Trockengräser und Trockenblumen.

3x mit Klarlack oder Fixativ einsprühen.

Schmetterling

Material: *Sperrholzplatte, oval, 25 x 19 cm, schwarzer Bilderrahmen, Holzleim;*
Untergrund: Polenta
Schmetterling: schwarze Pfefferkörner, schwarze Sonnenblumenkerne, lila Prunkbohnen, grüne Kürbiskerne, Kirschkerne, Nelken, rote Bohnen, Pinien

3x mit Klarlack oder Fixativ einsprühen.

Pferd

Material: *Preßpappe 12 x 9 cm, dunkler Bilderrahmen, Holzleim;*
Hintergrund: Gries
Pferd: Negersaat, Blaumohn

3x mit Klarlack oder Fixativ einsprühen.

Schnecke

Material:
Preßpappe ∅ 13 cm, dunkler Bilderrahmen, Holzleim;
Graupen, Rübsamen, Raps, Nelken, schwarze Pfefferkörner, Spitzsaat, Wacholderbeere

3x mit Klarlack oder Fixativ einsprühen.

Alle Miniaturen hat meine Schwiegertochter Silvia mit viel Liebe und Geduld gearbeitet. Da hier auch die kleinsten Körnchen einzeln aufgesetzt werden müssen, gelingt es oft nicht einmal mit einer Pinzette.
Meine Schwiegertochter nahm dazu einen Zahnstocher, den sie vorsichtig nur mit der Spitze in den Leim tauchte und damit das Körnchen aufnahm und auf die Platte setzte. Sie war und ist mit Recht stolz auf jedes fertige Teil.

Sonnenblume

Material: *Tischlerplatte 27 x 27 cm mit braunem Leinen überzogen, Sperrholzplatte ca. 20 x 20 cm groß, Holzleim;*
Untergrund: Polenta
Sonnenblume: Wacholderbeeren, schwarze Sonnenblumenkerne, Popcorn, Nelken.

Das Mittelfeld besteht aus Wacholderbeeren, die in mehreren Schichten übereinandergeklebt werden, wobei sie zur Mitte kuppelförmig ansteigen.
Nach Fertigstellung Strahlen mit einem in Leim getränkten Pinsel auf den Polentauntergrund malen und mit Zimt bestäuben.

ISBN 3-7724-0398-0 · Best.-Nr. 703

7. Auflage 1983
frech-verlag
GmbH + Co. Druck KG Stuttgart
Druck: Frech, Stuttgart

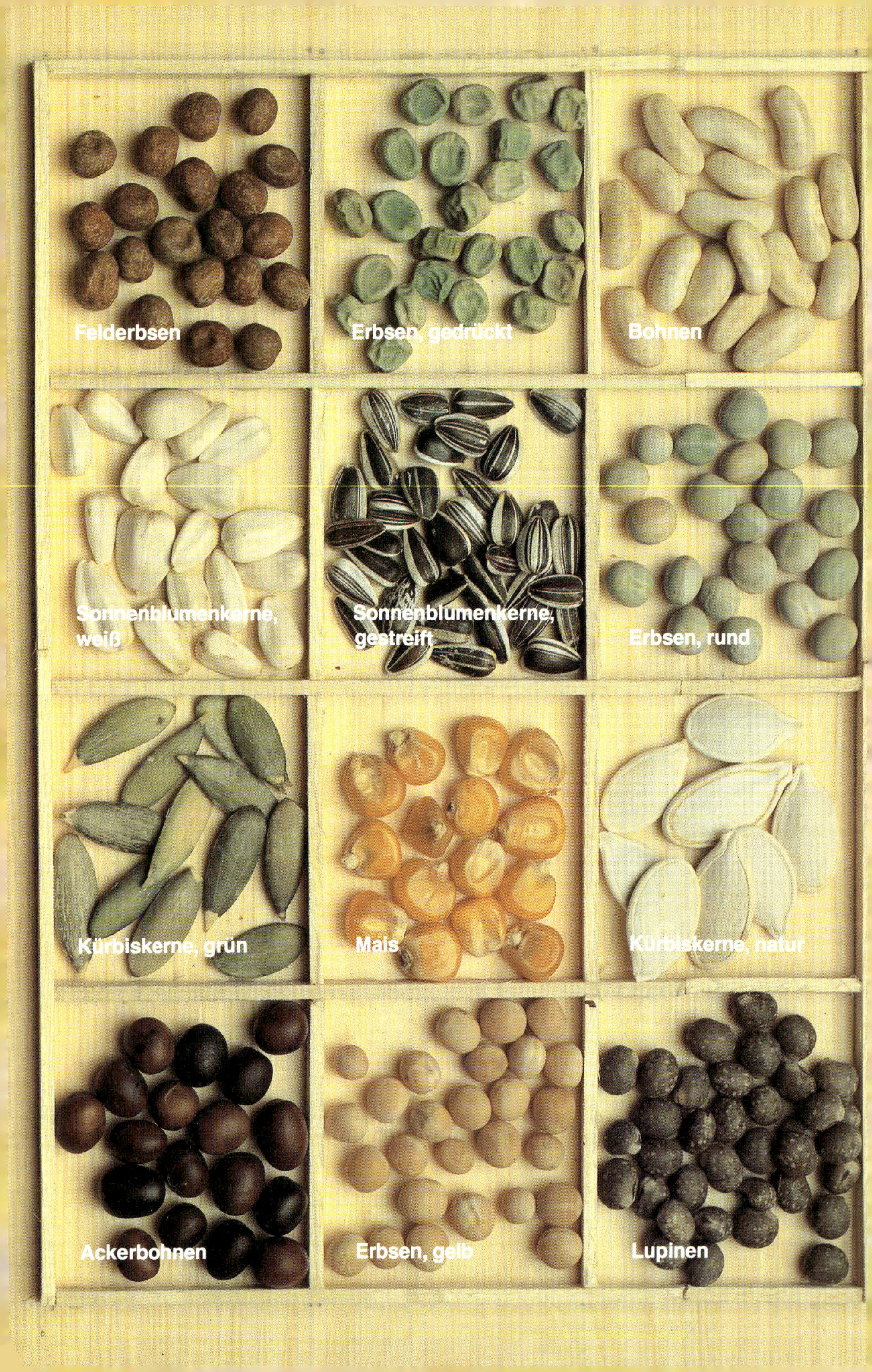
Felderbsen
Erbsen, gedrückt
Bohnen
Sonnenblumenkerne, weiß
Sonnenblumenkerne, gestreift
Erbsen, rund
Kürbiskerne, grün
Mais
Kürbiskerne, natur
Ackerbohnen
Erbsen, gelb
Lupinen